Meine erste BIBEL

Illustriert von Diana Mayo

Text von James Harrison

DK | Penguin Random House

Lektorat Clare Lister, Linda Esposito, Sue Grabham
Gestaltung und Bildredaktion Diane Thistlethwaite, Simon Webb, Dheeraj Singh
Herstellung Nadine King, Basia Ossowska
Fachliche Beratung Annette Reynolds

Für die deutsche Ausgabe:
Programmleitung Monika Schlitzer
Redaktionsleitung Martina Glöde
Herstellungsleitung Dorothee Whittaker
Herstellungskoordination Katharina Schäfer
Herstellung Inga Reinke

Titel der englischen Originalausgabe: My Very First Bible

Übersetzung Leo Strohm

ISBN 978-3-8310-3829-9

Druck und Bindung Leo Paper Products, China

MIX
Papier aus verantwortungsvollen Quellen
FSC® C020056
FSC www.fsc.org

www.dorlingkindersley.de

Inhalt

Das Alte Testament

Das Neue Testament

Das Alte Testament

Gott erschafft die Welt

Am Anfang war das Nichts – es gab nichts zu sehen, nichts zu hören, nichts anzufassen. Alles war dunkel und kalt und leer.

Und Gott sprach: „Es werde Licht.“ Da erleuchtete ein strahlend helles Licht die Dunkelheit.

Dann erschuf Gott das Land, die Meere und den Himmel.

Und die Erde brachte Leben hervor: Pflanzen verstreuten ihre Samen, und Blumen verbreiteten ihren süßen Duft – ein Meer aus Blüten und Knospen, aus Keimen und Sprossen.

Und Gott schuf die Sonne für den Tag und den Mond für die Nacht.

Gott setzte allerlei Geschöpfe in seine Welt. Alle liefen und rannten und brummten und summten und brüllten und heulten wild durcheinander.

Welche Tiere entdeckst du auf dem Bild?

Dann erschuf Gott Mann und Frau, damit sie seine wunderbare Welt mit ihm teilten und darauf Acht gaben.

Nach sechs Tagen hatte Gott die Erde und alles, was darauf lebte, erschaffen. Am siebten Tag ruhte er sich aus.

Der Garten Eden

Der erste Mann und die erste Frau hießen Adam und Eva. Und Gott liebte sie.

Er gab ihnen einen wundervollen Garten, der Eden genannt wurde, damit sie alles, was er geschaffen hatte, genießen konnten.

„Ihr dürft essen, was ihr wollt, nur die Früchte dieses Baumes nicht“, sprach Gott und zeigte auf einen Baum in der Mitte des Gartens. „Sie sind nicht gut für euch.“ Adam und Eva waren einverstanden.

Und für eine Weile war alles wunderbar …

Eines Tages schlängelte sich eine heimtückische Schlange an Evas Seite.

„Wieso esst ihr diese Früchte nicht?“, zischelte sie. „Sie schmecken köstlich.“– „Gott hat es uns verboten“, antwortete Eva. „Weil er weiß, dass ihr dann genauso klug werdet wie er“, sagte die Schlange. Die Früchte sahen tatsächlich sehr verlockend aus, und so biss Eva hinein. Dann gab sie Adam davon.

Doch als sie ihren Bissen hinuntergeschluckt hatten, fühlten sie sich schrecklich. Sie wollten sich vor Gott verstecken, aber er entdeckte sie.

„Eva ist Schuld", rief Adam. „Die Schlange ist Schuld", schluchzte Eva. „Schieb's nicht auf mich", zischelte die Schlange und schlängelte sich davon.

Gott war zornig, weil Adam und Eva ihr Versprechen gebrochen hatten. Er schickte sie aus dem Garten fort.

Noahs Arche

Gott war traurig. Die wunderbare Welt, die er geschaffen hatte, war voller böser Menschen. Also beschloss er, alles in einer riesigen rauschenden Wasserflut wegzuschwemmen.

Alles, außer Noah und seiner Familie. Sie waren die einzig guten Menschen auf der Welt.

Gott befahl Noah, eine gewaltige Arche zu bauen. Darin sollte Platz für Noah und seine Familie sein sowie für je ein Weibchen und ein Männchen jeder einzelnen Tierart.

Der Himmel wurde schwarz und düster.

Also führte Noah die Tiere paarweise in die Arche: elegante Giraffen und wilde Tiger, große Bären und winzig kleine Spinnen.

Dann setzte der Regen ein.

Es goss und schüttete, und am Schluss wurde eine schreckliche Sintflut daraus.

Donner krachte Ohren betäubend, und Blitze zuckten blendend hell. Es fiel so viel Regen, dass sogar Berge überflutet wurden.

Niemand überlebte die Flut, außer den Tieren in Noahs Arche.

Dann hörte der Regen auf, die Wellen wurden kleiner, und die Sonne lugte hinter einer Wolke hervor.

Nach vierzig Tagen öffnete Noah ein Fenster und ließ einen Raben hinausfliegen, dann eine Taube und sieben Tage später noch einmal eine Taube. Diese brachte ihm einen abgebrochenen Ölzweig mit. Da wusste Noah, dass die Erde wieder trocken war.

Wie viele Tierpaare sind zu sehen?

Wieder auf festem Boden angekommen, verließen die Tiere die Arche.

Und Gott ließ einen wundervollen Regenbogen am Himmel erscheinen, als Zeichen dafür, dass er alle Lebewesen liebt.

Abraham

Gott befahl Abraham, sich auf den Weg in ein neues Land zu machen. „Hab' keine Angst, denn ich werde dich beschützen. Und außerdem wirst du einen Sohn bekommen." Und so zog Abraham mit seiner Frau Sarah und seinen Viehherden in das Land Kanaan.

Eines Nachts betrachtete Abraham die Sterne am Himmel. Sie funkelten, glitzerten und glänzten.

Und Gott sprach: „Abraham, du wirst so viele Nachkommen haben wie Sterne am Himmel sind.“

Abraham und Sarah dachten, sie wären zu alt, um Kinder zu bekommen. Aber Gott hielt sein Versprechen, und sie bekamen einen Sohn. Er hieß Isaak.

Josefs Mantel

Isaaks Sohn Jakob hatte zwölf Söhne. Sein Lieblingssohn hieß Josef. Eines Tages schenkte Jakob Josef einen prachtvollen Mantel, bunt wie ein Regenbogen. Die Mäntel seiner Brüder sahen daneben alt und grau aus. Sie fingen an, Josef zu hassen.

Welche Farben entdeckst du auf dem Bild?

Die Brüder hüteten die Herden ihres Vaters. Inmitten der meckernden Ziegen und der blökenden Schafe überlegten sie, wie sie Josef loswerden konnten.

Eine Kamelkarawane zog vorüber.

Die Händler brachten wunderbar duftende Parfüms und exotische Gewürze nach Ägypten. „Wir verkaufen Josef als Sklaven“, sagte einer der Brüder. Also rissen sie ihm den Mantel herunter und verkauften ihn an die Händler.

„Wir werden sagen, ein wildes Tier hätte ihn getötet." Also beschmierten sie den zerrissenen Mantel mit Tierblut und erzählten ihrem Vater, dass Josef tot war.

Josef in Ägypten

In Ägypten wurde Josef als Sklave verkauft. Er war sehr geschickt und Potifar, sein Herr, hatte ihn gern. Doch dann verbreitete Potifars Frau Lügen über Josef, und er kam ins Gefängnis. Dort lernte er den Mundschenk und den Bäcker des Pharao kennen.

Der Mundschenk sagte: „Heute Nacht habe ich geträumt, dass ich den Saft aus drei Reben in den Becher des Pharao gepresst habe. Was hat das zu bedeuten?“ Josef antwortete: „In drei Tagen wird der Pharao dich wieder zum Mundschenk machen.“

Dann erzählte der Bäcker von seinem Traum: „Ich wollte dem Pharao drei Körbe Brot bringen. Da kamen Vögel und haben daran herumgepickt.“ „Es tut mir Leid“, sagte Josef. „Aber in drei Tagen wird der Pharao dich töten lassen.“

Und alles geschah genau so, wie Josef gesagt hatte.

Einige Zeit später hatte der Pharao von Ägypten zwei Träume, die ihn beunruhigten. „Sieben fette Kühe weideten am Ufer des Nil. Da kamen sieben magere Kühe und fraßen die fetten auf."

„In meinem zweiten Traum wuchsen sieben prall gefüllte Getreideähren. Dann sprossen sieben dürre Hälmchen und verschluckten die Ähren."

Der Pharao ließ alle weisen Männer kommen, aber niemand konnte ihm sagen, was seine Träume bedeuteten. Da erinnerte sich der Mundschenk an Josef.

„Beide Träume haben dieselbe Bedeutung", sagte Josef zum Pharao. „Erst kommen sieben Jahre mit einer guten Ernte, danach folgen sieben Jahre Hungersnot."

„In den guten Jahren solltest du einen Teil der Ernte für die schlechten Jahre zurücklegen." Der Pharao war so zufrieden mit Josef, dass er ihn zum Verwalter für ganz Ägypten machte.

In anderen Ländern herrschte Hungersnot. Josefs Vater schickte seine Söhne nach Ägypten, um Getreide zu kaufen.

Josefs Brüder erkannten ihn nicht. „Erkennt ihr euren eigenen Bruder nicht?", fragte Josef. Seine Brüder erschraken fürchterlich, aber Josef verzieh ihnen und sagte, sie sollten seinen Vater nach Ägypten bringen. Jakob weinte vor Freude, als er Josef sah.

Mose im Schilfkorb

Josef starb in Ägypten. Sein Volk, die Hebräer, wurde größer und größer. Der neue Pharao konnte sich nicht mehr an Josef erinnern und machte die Hebräer zu Sklaven. Als sie immer mehr wurden, bekam der Pharao Angst. „Bringt alle neugeborenen Jungen um“, befahl er.

Doch eine Mutter wollte ihr Baby retten. Sie flocht einen Korb aus Schilfrohr und legte ihr Baby hinein. Sie ließ den Korb treiben.

Ihre Tochter Miriam passte auf, was geschah. Bald schon kam die Tochter des Pharao zum Baden an den Fluss. Sie entdeckte das Baby und nahm es mit in den Palast. Sie gab ihm den Namen Mose und zog ihn wie ihren eigenen Sohn auf.

Der brennende Busch

Mose wuchs im Palast des Pharao auf. Aber er war unglücklich, weil sein Volk, die Hebräer, Sklaven waren. Er verließ den Palast und wurde Schafhirte in einem anderen Land.

Eines Tages stand ein Busch in seiner Nähe in Flammen. Es war ein großes, loderndes Feuer, aber kein einziges Blatt verbrannte.

Da sprach Gott: „Sage dem Pharao, er soll die Hebräer frei lassen. Du wirst sie in ein neues Land führen."

Die zehn Plagen

Mose kehrte nach Ägypten zurück und bat den Pharao, das Volk der Hebräer frei zu lassen. Aber der Pharao wollte nicht. Also ließ Gott zehn Plagen über Ägypten kommen.

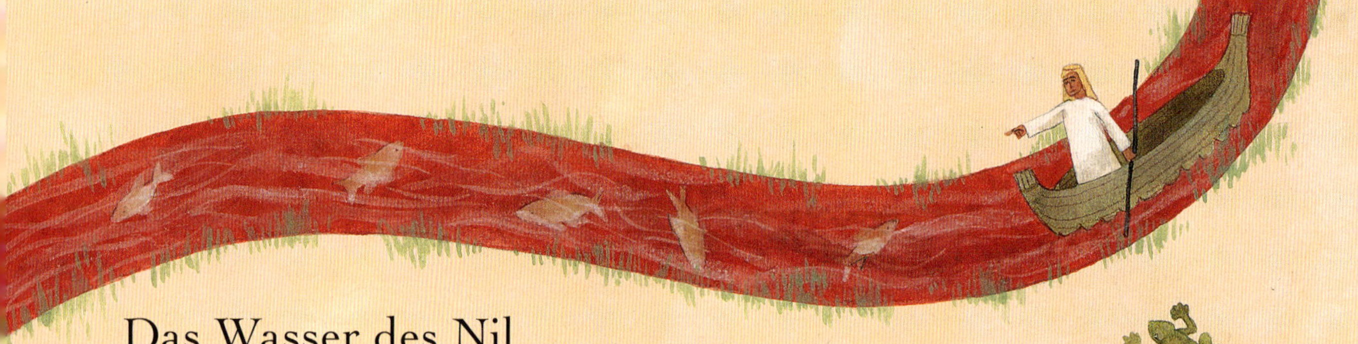

Das Wasser des Nil verwandelte sich in Blut.

Das Land wurde von schleimigen, glitschigen Fröschen überschwemmt …

Dann kamen summende Stechmücken …

Schmutzige Fliegen …

Das Vieh begann zu sterben …

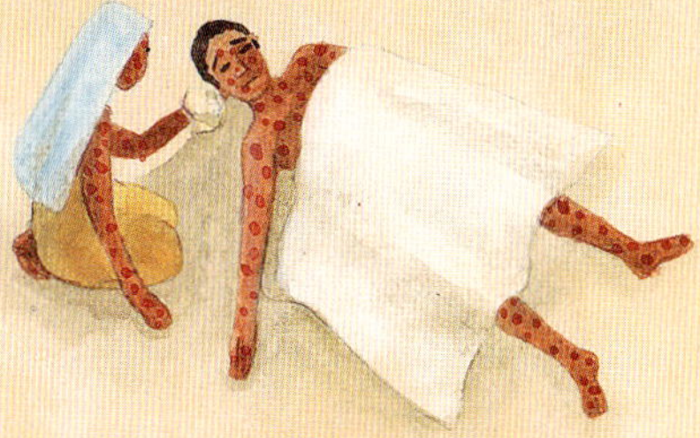

Ein schlimmer Hautausschlag machte die Menschen krank.

Heftige Hagelschläge krachten auf die Erde …

Heuschreckenschwärme fraßen alle Pflanzen auf …

Dann begann eine schreckliche Finsternis. Und schließlich die schlimmste Plage: Alle erstgeborenen Jungen starben.

Da gab der Pharao nach und ließ die Hebräer ziehen.

Mose führte die Hebräer aus Ägypten heraus. Als sie aber fort waren, überlegte der Pharao es sich anders. Er schickte Soldaten los, um sie zurückzuholen.

Die Hebräer saßen in der Falle. Vor ihnen lag das Rote Meer, hinter ihnen kamen sechshundert Streitwagen donnernd näher.

Und Gott sprach zu Mose: „ Strecke deinen Stab über das Meer aus."

Mose gehorchte. Das Wasser teilte sich, und die Hebräer eilten hindurch. Danach stürzten die Wassermassen über den ägyptischen Soldaten zusammen, sodass sie alle ertranken.

Wie viele orange gestreiften Fische siehst du hier?

Die zehn Gebote

Mose und die Hebräer kamen zum Berg Sinai. Das Volk sah zu, wie Mose zum Gipfel hinaufstieg, um mit Gott zu sprechen.

Plötzlich wurde der Berg in eine große schwarze Wolke aus Feuer und Rauch gehüllt. Blitze zuckten und krachender Donner hallte von allen Seiten. Das Volk zitterte vor Furcht.

Als Mose vom Berg herunterkam, trug er zwei Steintafeln. Er zeigte sie dem Volk. „Hier hat Gott seine Gebote aufgeschrieben." Und das Volk wollte von nun an die Gebote Gottes befolgen.

Simson and Delila

Die Hebräer ließen sich in Israel nieder. Aber es tauchten neue Schwierigkeiten auf. Das streitsüchtige Volk der Philister wollte sie vertreiben.

Allerdings fürchteten sie sich vor Simson, dem stärksten aller Israeliten.

Eines Tages besuchten sie seine Frau Delila. Sie sollte ihnen das Geheimnis seiner Bärenkräfte verraten. Dafür wollten sie ihr viele Geschenke geben. Delila bemühte sich sehr und bedrängte Simson tagtäglich, ihr sein Geheimnis zu verraten. Schließlich gab Simson nach und sagte: „Wenn ich mir die Haare abschneiden würde, dann würde ich all meine Kraft verlieren."

Delila verriet ihren Mann an die Philister, und sie schnitten Simson im Schlaf die Haare ab.

Sie schleppten ihn in ihren Tempel und verhöhnten und verspotteten ihn.

Aber Simsons Haare wuchsen wieder nach ...

Er stemmte sich mit aller Macht gegen die Säulen des Tempels, bis das Dach einstürzte und seine Feinde unter sich begrub.

David und Goliath

Saul, der erste König Israels, war in einer schwierigen Lage. Die Philister hatten einen neuen Kämpfer, einen Furcht erregenden Riesen mit Namen Goliath.

Niemand hatte den Mut, mit ihm zu kämpfen. Da meldete sich David, ein junger Hirte, zu Wort: „Wieso habt ihr eigentlich so schreckliche Angst? Wir haben doch Gott auf unserer Seite. Ich werde gegen den Riesen kämpfen."

Dann hob er ein paar Steine vom Boden auf und griff nach seiner Steinschleuder.

Als Goliath seinen Gegner erblickte, brach er in schallendes Gelächter aus.

David legte einen Stein in seine Schleuder, zielte und schoss mit voller Wucht auf Goliath.

Der Stein traf Goliath genau zwischen die Augen, und er fiel tot um.

Aus dem Hirtenjungen wurde der nächste König von Israel.

Jona und der große Fisch

In der großen Stadt Ninive lebten viele böse Menschen. Da sprach Gott zu Jona: Geh nach Ninive und sage den Menschen dort, dass sie sich bessern sollen. Aber Jona wollte nicht.

Er nahm ein Schiff in die andere Richtung. Noch in der gleichen Nacht schickte Gott einen Sturm.

Blitze zuckten, Donner grollte. Wellenberge wirbelten das kleine Schiff hin und her. „Wir werden alle ertrinken!“, riefen die Matrosen. „Das ist meine Schuld!“, sagte Jona. „Werft mich über Bord, dann hört der Sturm auf.“

Und so flog er über Bord.
Er ging unter wie ein Stein und sank …

tief … tiefer … und noch tiefer.

Da kam plötzlich ein großer Fisch
angeschwommen und verschluckte ihn.

Nun steckte Jona im Bauch des großen Fisches. Drei Tage und drei Nächte lang betete er zu Gott: „Bitte, gib mir noch eine Chance. Ich verspreche dir, dass ich nach Ninive gehen werde."

Da schwamm der große Fisch an Land und spuckte Jona aus. Und so machte er sich auf den Weg nach Ninive.

Welche Formen findest du auf dem Bild wieder?

Daniel in der Löwengrube

Der König von Babylon schickte seine Soldaten, um Israel zu besiegen. Unter den vielen Gefangenen war auch Daniel. Daniel arbeitete im Palast des Königs. Er war sehr klug und wurde bald der Liebling des Königs. Da wurden die Minister des Königs neidisch auf ihn.

Sie stellten Daniel eine Falle. Sie wussten, dass er zu Gott betete, also erließen sie ein Gesetz, in dem stand, dass das Volk nur den König anbeten darf. Aber Daniel betete weiterhin zu Gott. Da ließen sie ihn in eine Löwengrube werfen.

Eine ganze Nacht verbrachte Daniel bei den brüllenden, knurrenden und Zähne fletschenden Löwen, und sie taten ihm … gar nichts.

Am Morgen war der König überglücklich, denn Daniel war nichts passiert. „Dein Gott hat dich gerettet!“, sagte er. Dann ließ er Daniels Feinde in die Grube werfen. Und die Löwen rissen sie in Stücke.

Das Neue Testament

Jesus wird geboren

Der Engel Gabriel kam zu Maria. „Gott hat dich auserwählt, seinen Sohn zur Welt zu bringen. Du sollst ihn Jesus nennen“, sagte der Engel.

Zu dieser Zeit herrschten die Römer in Israel. Maria und ihr Mann Josef mussten zu einer Volkszählung in ihre Geburtsstadt Bethlehem reisen. Bei ihrer Ankunft war Maria sehr erschöpft. Bald sollte ihr Baby auf die Welt kommen.

Aber sie konnten keine Unterkunft finden. Die Stadt war völlig überfüllt.

Schließlich hatte ein Gastwirt Erbarmen mit ihnen. Er ließ sie in seinem Stall übernachten.

Auf einem Feld ganz in der Nähe bewachten ein paar Hirten ihre Schafe. Plötzlich erschien ein strahlend heller Engels-Chor am Himmel. Die Hirten erschraken.

„Fürchtet euch nicht. Wir haben gute Neuigkeiten", sagten die Engel. „Soeben ist Gottes Sohn geboren worden." Die Engel sagten zu den Hirten, sie sollten hingehen und den neugeborenen König anbeten. Und so fanden sie das Jesuskind in einem einfachen Stall in einer Futterkrippe.

Welche Geräusche machen diese Tiere?

Der Besuch der weisen Männer

Weit weg, in einem fernen Land, beobachteten drei weise Männer einen hell leuchtenden Stern am Himmel. „Der König der Juden ist geboren“, sagten sie. Also machten sie sich auf den Weg zum Palast von König Herodes in Jerusalem und fragten: „Wo ist der neugeborene König? Wir wollen ihn anbeten.“

König Herodes wurde wütend. „Ich bin doch der König von Israel“, dachte er, aber er zeigte seinen Ärger nicht. „Sucht diesen König, damit ich ihn auch anbeten kann“, sagte er.

Der Stern führte sie nach Bethlehem. Dort fanden sie Maria mit dem Jesuskind. Sie schenkten ihm glitzerndes Gold, süß duftenden Weihrauch und milde Myrrhe.

Dann ritten sie nach Hause,
aber ohne Herodes Bescheid zu sagen.
Denn Gott hatte sie in einem Traum davor
gewarnt, noch einmal zu Herodes zu gehen.

Das Loch im Dach

Als Jesus erwachsen war, kamen viele Menschen zu ihm, denn er konnte ganz besondere Dinge tun. Zum Beispiel konnte er Kranke heilen.

Eines Tages brachten vier Männer ihren Freund auf einer Trage zu Jesus. Der Freund konnte seine Beine nicht mehr bewegen. Aber das Haus war schon so überfüllt, dass sie nicht zur Tür hineinkamen. Also kletterten sie auf das Dach, machten ein Loch hinein und ließen ihren Freund hinunter.

Jesus bemerkte sie und sagte zu dem Mann auf der Trage: „Steh auf und geh nach Hause.“

Alle Leute staunten, als der Mann tatsächlich aufstand und aus dem Haus ging.

Sie beteten zu Gott und dankten ihm: „So etwas haben wir noch nie erlebt!“

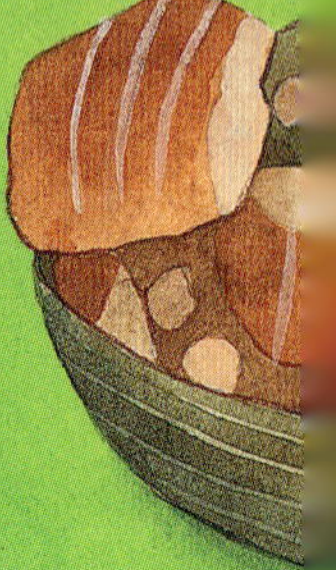

Brot und Fische

Jesus suchte sich zu seiner Unterstützung zwölf Begleiter. Das waren seine Jünger.

Jesus und seine Jünger saßen am See Genezareth. Eine große Menschenmenge kam zusammen, um seine Predigt zu hören. Nach einer Weile bekamen die Leute Hunger.

Niemand hatte etwas zu essen dabei. Die Jünger blickten sich um, aber sie konnten nur einen Jungen mit fünf Broten und zwei kleinen Fischen entdecken. „Wie sollen wir damit fünftausend Menschen satt bekommen?“, sagte einer der Jünger.

Jesus nahm die fünf Brote und die zwei Fische und teilte sie unter den Menschen auf.

Es war genug für alle da.

Die Jünger sammelten
die Reste ein und konnten
zwölf Körbe damit füllen.

Der barmherzige Samariter

Jesus erzählte gern Geschichten, in denen es um den Unterschied zwischen Gut und Böse geht. Diese Geschichten nennt man Gleichnisse. Das folgende Gleichnis soll uns deutlich machen, dass wir jeden Menschen lieben und unterstützen sollen.

Ein Jude wurde auf der Reise von Jerusalem nach Jericho von Räubern überfallen. Sie ließen ihn verletzt am Straßenrand liegen. Ein jüdischer Priester kam vorbei, blieb aber nicht stehen, um ihm zu helfen. Bald schon kam ein Levit vorbei, aber auch er ging einfach weiter.

Der Verletzte dachte schon, er müsste sterben. Da hörte er, dass jemand näher kam.

Es war ein Samariter auf einem Esel. „So ein Pech“, dachte der Verletzte, denn die Samariter und die Juden konnten sich nicht leiden.

Doch der Samariter war ein guter Mensch. Er wollte dem verletzten Juden helfen. Er rieb seine blauen Flecken mit Öl ein. Er reinigte die aufgeschürften Stellen mit Wein und verband die blutenden Wunden.

Findest du auf dem Bild immer drei, die zusammengehören?

Dann hob er den hilflosen Mann auf seinen Esel und brachte ihn zu einer Herberge, wo er das Zimmer des Verletzten bezahlte und dafür sorgte, dass sich jemand um ihn kümmerte.

Der verlorene Sohn

Mit diesem Gleichnis will Jesus sagen, dass jeder Mensch, der etwas Böses getan hat, seine Taten bereuen kann und eine neue Chance erhält.

Es lebte einst ein reicher Bauer, der seinen Sohn sehr liebte. Aber der Sohn war mit dem Leben auf dem Bauernhof unzufrieden. Er wollte die Welt erkunden. „Vater, ich möchte, dass du mir meinen Anteil am Hof auszahlst." Und das machte der Vater.

Nun war der Sohn reich, genoss das Leben und gab sein Geld mit vollen Händen aus. Bald schon war nichts mehr davon übrig.

Jetzt war er ohne Geld in einem fremden Land und konnte nur eine Arbeit als Schweinehirt finden.

Er war hungrig, schmutzig und einsam.

Eine Weile später fiel ihm ein: „Selbst wenn ich als Sklave für meinen Vater arbeiten würde, wäre ich besser dran.“ Also machte er sich auf den Weg nach Hause.

Sein Vater sah ihn schon von weitem näher kommen und rannte ihm entgegen. „Es tut mir so Leid, Vater. Ich habe es nicht verdient, dein Sohn zu sein.“

Aber sein Vater umarmte und küsste ihn. „Ich werde deine Rückkehr mit einem großen Fest feiern. Du warst verloren, aber jetzt habe ich dich wieder gefunden.“

Zachäus

In Jericho wohnte ein Mann, der hieß Zachäus. Niemand konnte ihn leiden, weil er Steuern für die Römer einsammelte und sehr reich war.

Zachäus hatte gehört, dass Jesus in die Stadt kommen sollte, und wollte ihn sehen. Er war aber so klein, dass er in der Menge kaum etwas sah. Also kletterte er auf einen Feigenbaum. Von dort hatte er einen guten Überblick.

Als Jesus ihn entdeckte, sagte er: „Komm herunter, Zachäus. Ich will dich heute Abend besuchen." Die Leute murrten. „Was will Jesus denn bei diesem Dieb?"

Doch von dem Tag an hatte Zachäus sich verändert. Er war sehr freundlich zu allen und verschenkte die Hälfte seines Reichtums an die Armen.

Jesus kommt nach Jerusalem

Jesus und seine Jünger zogen zur Feier des jüdischen Passahfestes nach Jerusalem. Jesus ritt auf einem Esel. Die Menschen strömten zu seiner Begrüßung auf die Straße. Sie jubelten und warfen Palmenzweige auf die Straße. Sie grüßten ihn wie einen König.

„Jesus ist der König der Juden!“, riefen sie.

Das Abschiedsmahl

Am Abend des Passahfestes saßen Jesus und seine Jünger bei einem besonderen Mahl. Jesus sagte: „Das ist unser letztes gemeinsames Essen.“ Die Jünger waren sehr traurig.

Kannst du diese Dinge auf dem Tisch entdecken?

Sie aßen Brot und tranken Wein.
Jesus sagte: „Erinnert euch immer
an diesen Augenblick, wenn ihr
Brot und Wein miteinander teilt.“

Die Ostergeschichte

Die Anführer der Juden waren neidisch auf Jesus. „Wie kann er es wagen, sich König der Juden zu nennen?“, sagten sie. „Das ist ein Verbrechen.“ Und sie forderten den römischen Herrscher auf, Jesus umzubringen.

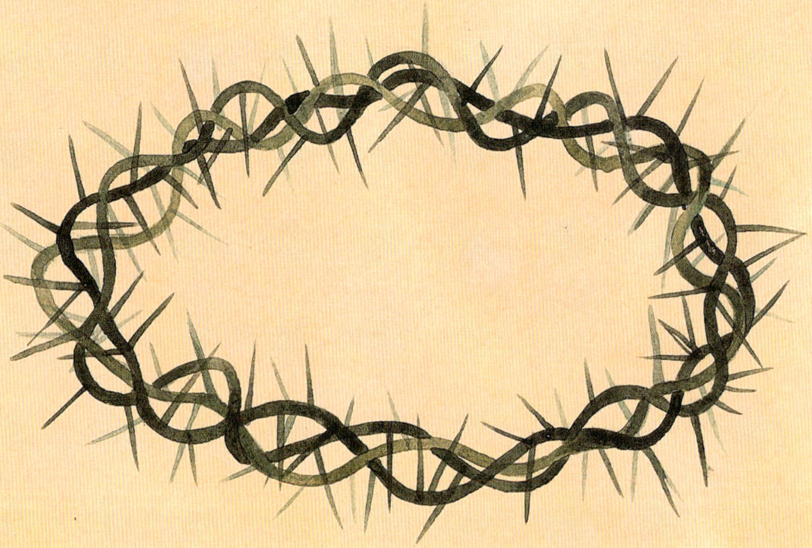

Die Römer setzten Jesus eine Dornenkrone auf den Kopf und nagelten ihn an ein Kreuz. Seine Mutter und seine Jünger sahen zu und weinten.

Jesus sagte: „Gott, vergib ihnen, denn sie wissen nicht, was sie tun.“ Dann starb er. Plötzlich wurde es unheimlich dunkel, und die Erde bebte. Da sagte ein römischer Soldat: „Er ist tatsächlich Gottes Sohn.“

Jesu Freunde legten seinen leblosen Körper in eine kühle, dunkle Höhle. Den Eingang verschlossen sie mit einem gewaltigen Felsbrocken.

Am nächsten Morgen ging Maria Magdalena zum Grab. Irgendjemand hatte den Felsbrocken zur Seite geschoben, das Grab war leer. Maria fing an zu weinen.

Ganz in der Nähe stand ein Mann.
Maria dachte, es sei ein Gärtner. „Wo ist Jesus?“, fragte sie ihn. Als er ihr antwortete, da merkte sie, dass es Jesus selbst war.

„Richte meinen Jüngern aus, dass ich lebe“, sagte Jesus. Und Maria lief los.

Thomas, der Zweifler

An diesem Abend trafen sich die Jünger alle in einem Haus. Da sie Angst hatten, schlossen sie die Haustür ab.

Plötzlich erschien ihnen Jesus.

Die Jünger freuten sich. Jesus trug ihnen auf, sein Werk fortzusetzen.

Einer der Jünger, Thomas, war jedoch nicht dabei gewesen. Als er von den anderen hörte, was passiert war, glaubte er ihnen nicht. „Das glaube ich erst, wenn ich es mit eigenen Augen gesehen habe“, sagte er.

Eine Woche später waren die Jünger wieder in einem abgeschlossenen Raum zusammen, und wieder erschien ihnen Jesus.

„Hör auf zu zweifeln und glaube", sagte Jesus zu Thomas. Und er fügte hinzu: „Selig sind die, die mich nicht sehen können, und die trotzdem an mich glauben."

Vaterunser

Vater unser im Himmel,
geheiligt werde dein Name.

Dein Reich komme.
Dein Wille geschehe,
wie im Himmel, so auf Erden.

Unser tägliches Brot gib uns heute.
Und vergib uns unsere Schuld,
wie auch wir vergeben unsern Schuldigern.

Und führe uns nicht in Versuchung,
sondern erlöse uns von dem Bösen.

Denn dein ist das Reich
und die Kraft
und die Herrlichkeit
in Ewigkeit.

Amen.